철학하는 어린이
선과 악이란 무엇일까요?

이 책은 프랑스 낭테르시 어린이들과 오스카 브르니피에 선생님의
철학적 대화를 담은 책입니다.

LE BIEN ET LE MAL, C'EST QUOI?

Written by Oscar Brenifier
Illustrated by Clément Devaux

Copyright 2004 by Éditions Nathan-Paris, France
Éditions-originale : LE BIEN ET LE MAL, C'EST QUOI?
www.brenifier.com

Korean Translation Copyright 2012 by Max Education Co.,Ltd. (Sangsuri)
Korean Edition is published by arrangement with Éditions NATHAN
through PK Agency, Korea.

본 저작물의 한국어 판권은 PK Agency를 통해 Éditions NATHAN과의 독점 계약으로
도서출판 (주)맥스교육(상수리)에 있습니다. 한국 내에서 저작권법에 따라 보호를 받는 책이므로
무단 전재와 무단 복제를 금합니다.

 상수리

상수리나무는 가뭄이 들수록 더 깊게 뿌리를 내리고
당당하게 서서 더 많은 열매를 맺습니다.
숲의 지배자인 상수리나무는 참나무과에 속하고, 꿀밤나무라 불리기도 합니다.
성경에 아브라함이 세 명의 천사를 만나는 곳도 상수리나무 앞이지요.
이런 상수리나무의 강인한 생명력과 특별한 능력을 귀히 여겨
출판사 이름을 '상수리'라고 했습니다.
우리 어린이들에게 상수리나무의 기상과 생명력을 키우는
좋은 책을 계속 만들어 가겠습니다.

철학하는 어린이
선과 악이란 무엇일까요?

글 | 오스카 브르니피에
그림 | 클레망 드보
옮김 | 박광신

 ## 우리는 왜 질문을 할까요?

어린이들은 많은 질문을 합니다. 그중에는 아주 중요한 질문들도 있어요.
이 질문들을 어떻게 해야 할까요? 부모님과 선생님이 질문에 모두 대답해야 할까요?

물론 이 책에서 부모님과 선생님의 대답을 제외하려는 건 아니에요.
부모님과 선생님의 대답은 어린이 스스로 생각할 수 있게 도움을 줄 수 있으니까요.
그렇지만 어린이 스스로 질문에 대해 생각하고 판단하면서,
독립심을 기르고 책임감도 갖게 하는 것이 바람직하겠죠?

〈철학하는 어린이〉 시리즈에서는 한 질문마다 다양한 답을 제시하고 있습니다.
명확한 대답도 있지만 까다롭고 당황스러운 대답도 있지요.
그리고 이런 대답들은 또다시 새로운 질문을 하게 만듭니다.
생각이란 끝을 모르는 길이니까요.

어쩌면 이렇게 해서 얻게 되는 마지막 질문에는 대답할 수 없을지도 모릅니다.
하지만 차라리 그게 나을지도 몰라요. 답을 줄 수 있는 질문이 아닐지도 모르니까요.
어떤 질문은 단지 물음이 나온 것만으로도 좋을 수 있답니다.
질문이 그 자체로 아름다운 질문이거나
의미와 가치를 갖는 아름다운 문제를 표현하기 때문이지요.
삶, 사랑, 아름다움 또는 선함도 항상 이렇게 질문으로 남게 되겠지요.

그렇지만 답을 찾아가는 과정은 그려질 것입니다.
그 과정으로 들어가 곰곰이 생각해 봅시다.
이러한 과정은 우리가 깨어 있기 원하는 친구들을 만나는 것과 같이 우리를
깨어 있게 할 테니까요.
더 나아가 이런 대화를 확장해 봅시다.
어린이뿐만 아니라 부모님에게도 많은 것을 가져다줄 것입니다.

오스카 브르니피에

추천의 글
자존감을 길러주는 어린이 철학책

한 인간을 만들기 위해서 우주는 억겁의 시간을 기다렸고, 지구는 45억 년을 돌았습니다. 한 존재가 태어나기까지의 과정을 추적한다면 누구나 분명히 고백할 수 있습니다.
'나'는 이 땅에 온 별이다!
그런데 왜 그 별이 빛을 잃고 돌이 되어 있을까요?
왜 우리는 자신을 과소평가하는 데 익숙할까요? 바로 '나' 때문입니다.
"인간을 낙원에서 추방할 수 있는 자는 오로지 인간뿐"이라고 한 철학자는 에리히 프롬입니다.
우리는 너무 쉽게 우리 자신을 깎아내려서 스스로 낙원에서 추방한 것이지요. 지금 가난하다고, 당장 일자리가 불안하다고, 더 이상 젊지 않다고, 학벌이 별로라고, 스스로 콤플렉스를 만들면서 45억 년 세월이, 억겁의 세월이 우리를 낳은 까닭을 잊고 살아왔습니다.
〈철학하는 어린이〉 시리즈는 우리가 만든 콤플렉스 때문에 우리가 놓친 삶의 가치를 다시 생각할 수 있도록 해줍니다.
진짜 아름다움은 어떤 건지, 행복은 어디에 있는지, 우리는 왜 자유를 추구하는지, 함께 존재한다는 것의 의미는 무엇인지, '생각'하게 만듭니다.
생각이란 걸 해보면 우리 마음속에 얼마만한 보화가 있는지 스스로 놀라게 됩니다. 처음에는 별생각 없이 책을 펼쳤습니다. 그러다 놀랐습니다. '아니, 프랑스 어린이들은 어렸을 때부터 이렇게 스스로 생각하는 훈련을 받나!' 싶어서 말입니다.
'어렸을 때부터 성찰의 논리를 배워 익힌다면, 살면서 무슨 일이 생겨도 세상을 탓하지 않고 마음의 중심을 키워 갈 수 있겠구나!' 싶었습니다.
〈철학하는 어린이〉 시리즈는 내 마음의 보물 창고를 향해 첫발을 내딛게 하는 책입니다. 이 책을 통해서 생각의 춤을 추게 되면 스스로 또 다른 방식의 춤을 추는 법도 익히리라 믿습니다.

수원대학교 철학과 교수 이 주 향

차 례

1. ⬜법 바가 고프다고 무언가를 훔쳐도 되는 걸까요? ⋯8
2. ⬜친절 우리는 다른 사람에게 친절해야만 할까요? ⋯24
3. ⬜복종 부모님께 항상 복종해야 하는 걸까요? ⋯40
4. ⬜말 우리는 모든 것을 말해야 할까요? ⋯54
5. ⬜자유 하고 싶은 일을 언제나 다 해도 될까요? ⋯70
6. ⬜관대함 우리는 다른 사람을 도와야 하는 걸까요? ⋯84

| 법 |

배가 고프다고 무언가를 훔쳐도
되는 걸까요?

아니요, 훔치는 건 나쁘니까요.

그래,
그럴지만…

배가 고파서 훔치는 게 나쁜 거라고 누가 말한 걸까요?

사람마다 선과 악에 대해 모두 다른 생각을 하지 않나요?

나쁜 일은 왜 하지 말아야 할까요?

살면서 항상 좋은 일만 할 수 있을까요?

그래,
그럴지만….

그럼 굶어 죽을 수 있어도 아무것도
훔치지 않을 건가요?

배고파도 훔치면 안 된다는 것은
이미 가진 사람들이 자신을
보호하기 위해 하는 말이 아닐까요?

우리는 먹을 것이 없는 사람도
보호해야 하지 않을까요?

모든 사람에게 먹을 권리가 있다면,
먹을 것은 모두에게 마땅히 주어져야
하지 않을까요?

내 것이 아니면 훔쳐서는
안 된다고 생각해요.

다른 사람에게 먹을 것이 많고
내 것이 적다면 훔쳐도 된다고 생각해요.

그래,
그럴지만….

우리는 왜 배고프지 않을 때도
더 많은 것을 원하는 걸까요?

사람들이 모두 같은 것을
가질 수 있을까요?

모든 사람이 같은 것을 가져야 한다면
왜 그래야 하는 걸까요?

경찰에 체포될 수 있으니까
난 훔치지 않을 거예요.

그래,
그렇지만….

만약 아무도 보지 않으면
다른 사람의 것을 훔칠 건가요?

경찰 없이 사람들이
살 수 있을까요?

우리는 도둑을 반드시
체포해야 할까요?

법으로 금지되어 있으니까
훔치면 안 돼요.

그래,
그럴지만….

법이 예외적인 경우를
인정할 수도 있지 않을까요?

법이 정당하지 않을 수도
있지 않을까요?

법이 정당하지 않아도
사람들은 법을 지켜야 할까요?

법은 나라마다 다 똑같을까요?

배가 너무 고프면
훔쳐도 된다고 생각해요.

그래,
그럴지만…

먹고 싶다는 욕망에
순순히 따라야 할까요?

모두 자신의 욕망에 따른다면
사람들이 함께 살 수 있을까요?

욕망이 우리에게 항상 좋은 걸까요?

다른 방법으로 먹을 것을
마련할 수는 없는 걸까요?

생각 정리하기

사람들은 훔치는 건 옳지 않다고 말해요.
남의 것을 훔치는 건 옳지 않다고 말하지요.
그래서 법도, 도덕도 도둑질을 금지하고 있어요.
하지만 처벌받지 않는다면 남의 것이라도 훔치고 싶을 때가 있을 수 있어요.
게다가 사람들은 배가 고플 때 음식을 먹어야 한다고 생각해요.
그렇다면 자식에게 먹을 것을 줄 수 없는 엄마나,
굶주린 사람들은 어떻게 해야 할까요?
굶지 않기 위해 법을 존중하지 않아도 될까요?
법은 모든 사람을 위한 것이라고 해요.
그러나 법은 실제로 특수한 상황에 있는 사람들을 보호하지 못할 때가 있어요.
그럴 때 우리는 법을 무조건 지켜야 하는 건지 생각하게 된답니다.

이런 질문을 하는 건….

우리 사회에서 법이 어떤 역할을 하는지 생각해 보기 위해서랍니다.

정당한 것, 좋은 것, 해도 되는 것이 항상 일치하지는 않는다는 걸 이해하기 위해서랍니다.

세상에는 정당하지 않은 것도 있다는 사실을 보기 위해서랍니다.

법이 항상 완벽한 건 아니에요. 그럴 때 우리가 법을 바꿀 수도 있다는 사실을 이해하기 위해서랍니다.

친절

우리는 다른 사람에게
친절 해야만 할까요?

내게 친절한 사람에게는

그래,
그렇지만…

나와 다른 사람들 중에서
누가 먼저 친절해야 할까요?

친절한 사람에게 화가 난 적이
한 번도 없었나요?

실제로 친절하지 않은 사람이
친절해 보일 수도 있지 않을까요?

그럼 반대로 친절해 보이지 않지만
실제로 친절한 사람도 있을까요?

나도 친절해야 한다고 생각해요.

내게 친절하지 않은 사람이라도
나는 친절하게 대해야 한다고 생각해요.

그래, 그렇지만…

친절하지 않은 사람에게 친절했는데 그 사람이 우리를 때리면 어떻게 해야 할까요?

모든 사람에게 언제나 친절할 수 있을까요?

친절하려고 나쁜 사람의 부탁도 들어주어야 하나요?

우리는 왜 그토록 친절하려고 할까요?

그럼요. 다른 사람에게 친절하면
무언가를 부탁할 수 있으니까요.

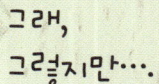

그래,
그럴지만….

진정한 친절이란 대가를
바라지 않는 것이 아닐까요?

다른 사람이 무언가를 요구하면
친절하기 위해 그 요구를
다 들어주어야 할까요?

원하는 것을 얻지 못하면
친절하게 대했던 사람에게도
심술궂어질 건가요?

내게 원하는 것을 얻으려고 친절한
척하는 사람도 좋아할 수 있을까요?

그래,
그럴지만…

불친절한 사람에게는 반드시
불친절하게 대해야 할까요?

그렇다고 모든 사람을 경계해야
하는 걸까요?

나쁜 짓을 하는 사람들이 때로는
이유가 있어서 그럴 수도 있지
않을까요?

우리를 벌주는 선생님은
우리에게 나쁜 짓을 하는 걸까요?

어떤 사람들은 내게 나쁜 짓을 해요.
나는 그들에게는 친절해지고 싶지 않아요.

난 기분이 좋을 때만 다른 사람에게 친절해요.

그래, 그렇지만….

기분이 좋지 않을 때는
다른 사람에게 불친절해지나요?

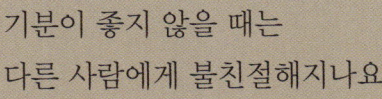
기분은 우리가 결정하는 걸까요?
아니면 기분이 우리의 행동을
결정하는 걸까요?

다른 사람의 변덕을 참는 게
당연하다고 생각하나요?

친절 우리는 다른 사람에게 친절해야만 할까요?

그럼요. 친절하지 않으면 사람들이
나를 사랑하지 않을 테니까요.

그래, 그렇지만…

사람들이 나를 싫어하는 게
두려워서 친절해야 할까요?

가끔은 사랑하는 사람에게도
친절하지 못할 때가 있지 않나요?

모든 사람에게 사랑받아야
하는 걸까요?

사랑받기 위해 모든 것을
받아들여야 할까요?

생각 정리하기

어른들은 우리가 친절하길 원해요.
어른들은 항상 친절한 것도 아니면서 우리는 친절하길 원하지요.
어른들은 왜 우리가 친절하길 원하는 걸까요?
여기에는 크고 작은 이유가 있답니다.
그건 바로 사람들의 친절에 보답하기 위해서지요.
또 우리가 사람들에게 친절해서
그들도 우리를 친절과 사랑으로 대하게 하기 위해서지요.
그러나 친절한 사람이 되는 것이 생각보다 쉽지만은 않답니다.
친절하고 싶은 마음이 언제나 생기는 것도 아니고,
살다 보면 친절할 수 없을 때도 있기 때문이에요.
게다가 어떤 사람들은 우리의 친절을 이용하기도 해요.
하지만 지금보다 서로에게 더 관대한 세상을 만들려면
친절의 가치를 인정해야 하지 않을까요?

이런 질문을 하는 건…

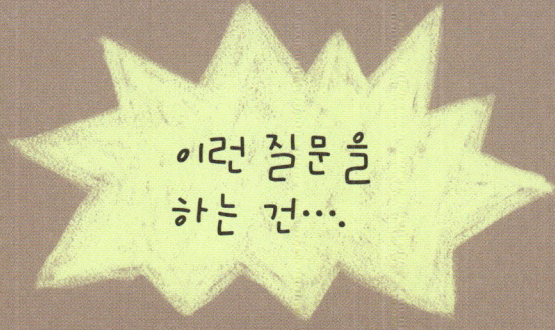

사람들의 감정과 행동은 복잡하고 모순될 때도 있다는 것을 이해하기 위해서랍니다.

사람들의 행동에 반응하는 것이 아니라, 내가 먼저 어떻게 행동해야 하는지 알아가기 위해서랍니다.

겉모습만 친절한 것을 넘어 진정으로 친절한 것이 무엇인지 정리해 보기 위해서랍니다.

친절함으로 우리와 세계가 어떻게 변화될 수 있을지 상상해 보기 위해서랍니다.

| 복종 |

부모님께 항상 복종해야 하는 걸까요?

그래, 그럴지만….

복종하는 이유가 단지 벌을 받는 게 두렵기 때문인가요?

 부모님이 우리에게 벌을 주지 않는다면 복종하지 않을 건가요?

부모님이 우리를 혼내는 이유를 항상 이해하나요?

  벌을 받는 것을 무서워해야 할까요?

그럼요, 복종하지 않으면 부모님께서
내게 벌을 주시니까요.

부모님은 나보다 더 많은 것을
알고 계시니까 부모님께 복종해야 해요.

그래,
그렇지만….

부모님이 모르는 것을 우리가
알 수도 있지 않나요?

부모님이 잘못 생각하는 경우도
있지 않을까요?

선생님이 부모님과 반대되는 말을
하면 어떻게 할 건가요?

우리보다 더 많은 것을 알고 있는
어른들에게 항상 복종해야 할까요?

그럼요.
난 부모님을 사랑하고 믿으니까요.

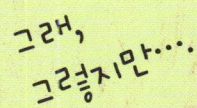
그래, 그렇지만….

사랑하면서 복종하지
않을 수도 있을까요?

 부모님에게 복종하지 않으면
부모님을 배신하는 걸까요?

자기 자신보다 부모님을
더 믿어야 하는 걸까요?

아니요.
난 복종하는 걸 좋아하지 않으니까요.

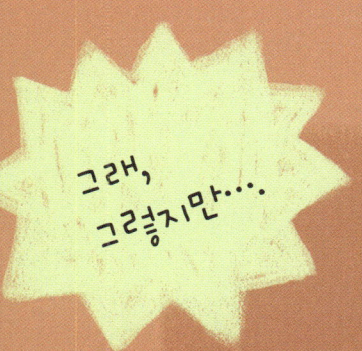

어린이는 자신이 하고 싶은 것을 선택할 수 있을 만큼 충분히 성장한 걸까요?

 부모님에게 복종하면서 우리가 좋아하는 것을 발견할 수도 있지 않을까요?

가정의 질서를 지키려면 부모님께 복종해야 하지 않을까요?

 우리가 원하는 것을 다 하게 할 권리가 부모님에게 있을까요?

어른들을 존중해야 하니까
난 부모님께 복종해야 한다고 생각해요.

그래,
그렇지만···

어린이보다 어른이
존경받는 게 당연한가요?

 어른은 모두 존경받을 만한
사람인가요?

누군가를 존경하면 항상
복종해야 할까요?

 자신을 존중하기 위해 다른 사람에게
복종하지 않을 수 있지 않을까요?

생각 정리하기

우리는 부모님에게 당연히 복종해야 해요.
부모님은 어른이고, 법적으로 우리를 책임지니까요.
또 우리가 부모님을 믿고, 사랑하고, 존경하기 때문이기도 해요.
그러나 부모님을 두려워하고 복종해야만 할까요?
부모님이 우리에게 요구하는 것이 무엇이고,
왜 그것을 원하는지 이해하려고 노력해야 하지 않을까요?
부모님은 우리가 해야 하는 것과 하지 말아야 할 것을
우리에게 설명해 주어야 하지 않을까요?
이렇듯 부모님도 지나치게 권위적이지 말아야 하고,
우리도 부모님에게 무조건 복종해서는 안 된답니다.

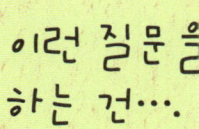
이런 질문을
하는 건…

어른들을 너무 두려워하지 말고,
어른들에게 말하는 법을 배우기
위해서랍니다.

부모님의 입장에서 우리가 해야 할 일을
생각해 보기 위해서랍니다.

우리에게 방향을 제시해 줄 부모님이
필요하다는 것을 인정하기 위해서랍니다.

우리도 생각이 있고, 이해할 수
있다는 것을 기억하기 위해서랍니다.

말

우리는 모든 것을 **말**해야 할까요?

다른 사람의 마음을 상하게 할 수 있는 말은

그래, 그렇지만….

그렇다고 거짓말을 하거나 아무 말도 하지 않는 게 더 나은 걸까요?

상처받지 않기 위해 아무것도 모르는 채 살아야 할까요?

상처가 될 수 있는 것도 부드럽게 말할 수 있지 않을까요?

나는 민주주의 국가에 살고 있으니까

모든 것을 말할 권리가 있어요.

그래, 그렇지만….

모든 것을 말할 수 있다고 해서 아무 말이나 하도 되는 걸까요?

말은 왜 하는 걸까요? 말을 통해 자신의 생각을 전달하려는 건 아닐까요?

말을 하기 전에 신중히 생각해야 하지 않을까요?

내가 비밀을 지키겠다고 약속했다면

그래, 그렇지만….

지키기 어려운 비밀도 있지 않나요?

그 비밀 때문에 다른 사람에게 억울한 일이 생겨도 말하지 말아야 할까요?

비밀이라면서 그 사람은 우리에게 왜 비밀을 말한 걸까요?

어떤 사람에게 침묵을 강요할 권리가 우리에게 있을까요?

그것은 말하면 안 돼요.

그럼요. 모든 것을 말해야만
내 마음이 편해지니까요.

그래,
그럴지만….

우리가 느끼는 것을 말로
다 표현할 수 있을까요?

어떤 생각들은 말하지 않고 마음속에
간직하는 게 낫지 않나요?

자신의 생각을 모두 말해서 다른 사람이
불행해진다 해도 모든 것을 말해야 할까요?

거짓말과 침묵이 때로는 말하는 것보다
훨씬 편하지 않나요?

어쩌고 저쩌고 어쩌고 저쩌고

말 우리는 모든 것을 말해야 할까요?

개인적인 것은
말할 필요가 없다고 생각해요.

그래,
그럴지만….

사랑하는 사람과는 모든 것을
나누어야 하지 않을까요?

 자신에 대해 말하는 것을
부끄러워하거나 두려워해야 할까요?

그렇다고 자기 자신에게
진실을 숨길 수 있을까요?

 다른 사람에게 모든 것을 말해 버리면
자신에게 남아 있는 것이 있을까요?

생각 정리하기

말은 자신을 표현하는 방법이에요.
사람들과의 관계에서도 말로 자신을 표현하고 보호하지요.
그래서 말은 문제를 해결해 주기도 하지만,
문제를 일으키기도 한답니다.
그럴 때 우리는 싸우지 않으려고 침묵하기도 해요.
진실이 항상 듣기 좋은 건 아니니까요.
과연 말로 다른 사람에게 상처를 줄 권리가 우리에게 있을까요?
또 다른 사람의 비밀을 폭로할 권리가 우리에게 있을까요?
말은 일단 하고 나면 다시 주워담을 수 없어요.
이렇듯 말한다는 것은 매우 중요하고 가치 있는 일이에요.
모든 것을 말하는 것이 아무 말이나 한다는 것을 의미하지는 않는답니다.

이런 질문을 하는 건….

사람마다 진실이라고 생각하는 게 다를 수도 있다는 것을 알기 위해서랍니다.

듣는 사람의 입장도 생각하면서 자신을 표현하는 방법을 배우기 위해서랍니다.

말을 조절하는 방법과 침묵하는 방법을 배우기 위해서랍니다.

말로만 우리를 표현하는 것은 아니라는 사실을 깨닫기 위해서랍니다.

자유

하고 싶은 일을 언제나 다 해도 될까요?

그럼요,
난 행복해지고 싶으니까요.

그래, 그럴지만….

하고 싶었던 일을 하는 것이
항상 좋은 걸까요?

자신의 행복이 다른 사람의
행복보다 더 중요할까요?

하고 싶은 것을 다 해야만
행복한 걸까요?

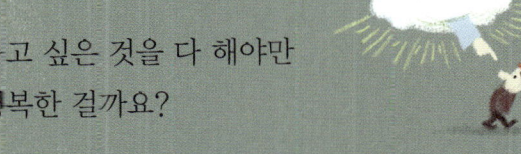

행동으로 무언가를 해야만 행복할까요?
생각하는 것만으로 행복할 수 있지 않을까요?

내가 하고 싶은 것이 다른 사람에게
방해될 때는 하지 말아야 해요.

그래,
그럴지만….

누군가의 행동을 왜 다른 사람이 결정해야 하나요?

다른 사람에게 방해받을 때는 어떻게 해야 하나요?

어쩔 수 없이 다른 사람을 방해해야만 할 때도 있지 않을까요?

아니요. 난 너무 어려서 무언가를
결정할 수 없으니까요.

그래,
그럴지만….

어른들은 항상 자신의 일을
스스로 결정할까요?

 어린이는 부족한 것이 있어서 스스로
결정할 수 없는 건가요?

우리가 어리기 때문에 어른들이
우리를 대신해 모든 것을 결정해
주어야 하나요?

 스스로 결정해 보지 않고 어떻게
결정하는 방법을 배울 수 있을까요?

자유 하고 싶은 일을 언제나 다 해도 될까요?

난 충분히 생각한 일은 해도
된다고 생각해요.

그래,
그럴지만….

충분히 생각해 보았다는 것을
어떻게 확신할 수 있을까요?

생각했다고 모든 걸 예측할 수 있을까요?

생각해 보고 행동한 사람이 항상
다른 사람보다 현명하게 행동하나요?

생각이 행동을 방해하는 경우도
있지 않을까요?

자유 하고 싶은 일을 언제나 다 해도 될까요?

난 금지된 일은
하면 안 된다고 생각해요.

그래,
그렇지만….

금지된 일은 무조건
하지 말아야 할까요?

금지된 일을 하지 않고도
자유로울 수 있을까요?

우리가 함께 살아가려면
금지하는 것이 필요하지 않나요?

생각 정리하기

우리는 금지와 의무를 힘들어해요.
우리는 자유로워지고 싶고, 자유로울 때 행복하다고 생각해요.
그리고 자유롭고 행복하기 위해서는
우리가 하고 싶은 일을 다 해야 한다고 생각하지요.
그래서 자신만 생각하고, 자신이 하고 싶은 것만 생각하는 거예요.
법이나 도덕을 신경 쓰지도 않고,
제약을 받거나 절제를 하려고도 하지 않아요.
하지만 다른 사람들을 생각하지 않고 우리가 정말 자유로울 수 있을까요?
자신이 하고 싶은 것이 무엇인지 잘 알 만큼
우리는 충분히 생각했고, 충분히 성장한 걸까요?
또 살아가면서 자신의 기분이나 생각이 바뀐 적은 없었나요?
아무런 의무 없이 살 수 있다고 믿는 것은 단지 자유를 꿈꾸는 것이에요.
정말로 자유로워지려면 자신이 하고 싶은 일을 생각할 때,
다른 사람들의 욕망과 현실적인 조건도 함께 생각해야 한답니다.

이런 질문을
하는 건…

다른 사람들에게도 감사할 일이
있다는 것을 깨닫기 위해서랍니다.

우리도 어리석을 수가 있기 때문에
자신을 믿지 말아야 할 때도 있다는
것을 알기 위해서랍니다.

꿈과 현실을 구별하기 위해서랍니다.

충동적인 것과 충분히 생각한 것을
구별하기 위해서랍니다.

관대함

우리는 다른 사람을 **도와야** 하는 걸까요?

이기적인 사람이 되지 않으려면
다른 사람을 도와야 한다고 생각해요.

판매함 우리는 다른 사람을 도와야 하는 걸까요? 86 | 87

그래,
그렇지만….

살아남기 위해서는 자신을
먼저 생각해야 하지 않을까요?

어떻게 하는 것이 다른 사람을 돕는 건지
항상 알고 있나요?

도와야 할 사람이 너무 많지 않나요?

어떤 사람이 도움을 요구하지 않았는데도
그 사람을 도와야만 할까요?

그럼요. 난 다른 사람을
기쁘게 하는 것을 좋아하니까요.

그래,
그렇지만….

다른 사람을 즐겁게 하려고 돕는 걸까요?
아니면 스스로 즐겁기 위해 돕는 걸까요?

도와준 사람이 고맙다고 말하지
않을 때 화난 적은 없었나요?

다른 사람의 도움을 받는 게
항상 좋았나요?

그럼요, 사람들을 도우면 친구가 많이 생기니까요.

 그래, 그렇지만….

도움을 받았기 때문에 우리와 함께 하는 사람이 우리의 진정한 친구일까요?

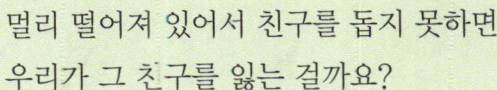 친구라고 생각했던 사람이 도움을 주지 않을 때도 여전히 그 사람을 친구로 생각할 건가요?

멀리 떨어져 있어서 친구를 돕지 못하면 우리가 그 친구를 잃는 걸까요?

 도움을 준 사람과 반드시 친구가 되어야 하는 걸까요?

난 모르는 사람은 돕지 않아요.

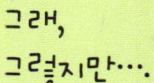
그래, 그럴지만….

법은 왜 때로 모르는 사람도
위험에 처하던 도우라고 할까요?

아는 사람보다 모르는 사람에게
도움이 더 필요할 때도
있지 않나요?

다른 사람을 돕는 것이
위험할 수도 있을까요?

누군가를 도우면서 그 사람에 대해
알게 되는 것이 아닐까요?

아니요, 자신의 문제를 해결하는
방법은 스스로 배워야 하니까요.

그래, 그럴지만….

함께 사는 사회에서 서로 돕는 것도 필요하지 않을까요?

 스스로 사는 법을 배우기 위해 다른 사람의 도움이 필요할 때도 있지 않나요?

어린이나 아픈 사람이 혼자 모든 일을 해결할 수 있을까요?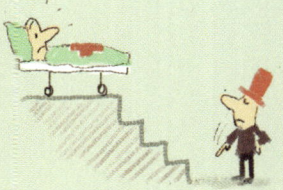

 다른 사람을 필요로 하는 것이 나쁜 걸까요?

생각 정리하기

우리는 이기적인 사람이 되면 안 된다고 생각해요.
그래서 다른 사람에게 관대해야 한다고 생각하지요.
그런데 우리는 도움을 잘못 이해하기도 해요.
어떤 경우에는 도움이 필요하지 않을 때도 있어요.
우리는 가끔 스스로 문제를 해결하면서
자기만의 경험도 쌓고, 그 과정을 통해 성장하길 원해요.
또한 우리는 돕는 의도가 순수하지 않을 때도 있어요.
혹시 어떤 보상을 받고 싶어서 관대한 적은 없었나요?
원해서라기보다 양심에 꺼리지 않기 위해 도운 적은 없었나요?
또 친구들에게만 도움을 준 건 아니었나요?
관대함의 진정한 의미는
우리를 둘러싼 사람들을 배려하는 법을 배우는 것이랍니다.
그들에게 필요한 것이 무엇이고,
그들이 무슨 생각을 하는지 이해하려고 노력하는 것이지요.
그때 우리는 다른 사람들과 더불어 살 수 있는 것이에요.

이런 질문을 하는 건…

다른 사람을 배려하려면 자신의 처지부터
알아야 함을 인정하기 위해서랍니다.

사회 속에서 함께 사는 법을
배우기 위해서랍니다.

두려워하지 않고 심사숙고하는 자세로
사람들을 대하기 위해서랍니다.

돕고 싶어도 도움받기를 원하는
사람만 도울 수 있다는 것을 인정하기
위해서랍니다.

철학하는 어린이 시리즈 08

선과 악이란 무엇일까요?

글 | 오스카 브르니피에
그림 | 클레망 드보
옮김 | 박광신

초판 1쇄 발행 | 2012년 3월 28일
초판 8쇄 발행 | 2021년 3월 15일

펴낸이 | 신난향
편집위원 | 박영배
펴낸곳 | (주)맥스교육(상수리)
출판등록 | 2011년 8월 17일(제321-2011-000157호)
주소 | 서울특별시 서초구 마방로 2길 9, 보광빌딩 5층
전화 | 02-589-5133(대표전화)
팩스 | 02-589-5088
홈페이지 | www.maxedu.co.kr
블로그 | blog.naver.com/sangsuri_i

기획·편집 | 김사랑
디자인 | 이선주
영업·마케팅 | 백민열
경영지원 | 장주열

ISBN 978-89-97449-07-1 64100

정가 14,000원

*이 책의 내용을 일부 또는 전부를 재사용하려면 반드시 (주)맥스교육(상수리)의
  동의를 얻어야 합니다.
*잘못된 책은 구입한 곳에서 바꾸어 드립니다.

> 상수리는 독자 여러분의 귀한 원고를 기다리고 있습니다.
> 투고 원고는 이메일 maxedu@maxedu.co.kr로 보내 주세요.

어린이제품안전특별법에 의한 제품 표시
제조자명 (주)맥스교육(상수리) \ **제조국** 대한민국 \ **제조년월** 2021년 3월 \ **사용연령** 만 7세 이상 어린이 제품